Cynnwys

GW 1399103 5

Trychinebau

Mae llawer o ddamweiniau'n digwydd oherwydd defnyddiau a'r ffordd y maen nhw'n cael eu defnyddio.

Allwch chi egluro sut y digwyddodd y damweiniau hyn?
Sut gallech chi eu rhwystro rhag digwydd?

Diffodd tanau

Weithiau, rhaid i ddiffoddwyr tân fynd i mewn i adeiladau llawn mwg a thân. Gall y tymheredd fod yn uchel iawn yno. Felly rhaid i'w holl offer a'u dillad gael eu gwneud o ddefnyddiau sydd ddim yn llosgi na thoddi'n hawdd.

Hyd yn oed os bydd gwreichion poeth a **marwor** yn taro cotiau duon y diffoddwyr tân, ni fydd y ffabrig yn llosgi.

Dyma rai o'r dillad a'r offer pwysicaf sydd gan ddiffoddwyr tân. Mae pob un wedi'i wneud o ddefnyddiau a gafodd eu dewis a'u profi'n ofalus. Rhaid iddyn nhw allu gwrthsefyll gwres, ond hefyd rhaid iddyn nhw fod yn hollol addas ar gyfer y gwaith. Os nad ydi popeth yn iawn, gallai bywydau pobl fod mewn perygl.

ysgol
helmed
gorchudd llygaid
côt
menig
rhaff
pibell
esgidiau

Dyma restr yn disgrifio rhai o'r defnyddiau. Yn aml iawn, rhaid i offer diffodd tân fod â mwy nag un o'r nodweddion hyn. Pa rai o'r nodweddion sydd fwyaf pwysig ar gyfer pob dilledyn a darn o offer yn y llun uchod, tybed?

- BRON MOR DRYLOYW Â GWYDR
- DIGON CALED I GAEL EI DARO HEB DOLCIO
- GWRTH-DDWR
- DIGON YSGAFN I'W GARIO'N HAWDD
- DIGON CADARN I DDAL HYD AT CHWECH O BOBL HEB BLYGU
- DIGON HYBLYG I BLYGU'N HAWDD
- DIGON CRYF I GAEL EI DYNNU GAN BWYSAU CHWECH O BOBL HEB DORRI
- DIGON GWYDN I BEIDIO Â THORRI, CRACIO NA RHWYGO'N HAWDD

5

Nwy ac aer yn y ffair

Y rhan fwyaf o'r amser, allwn ni ddim gweld y nwyon o'n cwmpas ond weithiau gallwn weld beth maen nhw'n ei wneud. Beth mae nwyon yn ei wneud yn y llun hwn? Mae'r atebion i'r cwestiynau yn y pos geiriau.

Yn y balwnau am £1 mae nwy sy'n gwneud iddyn nhw hedfan i fyny. Beth yw'r nwy?

POS GEIRIAU

H	T	R	W	Y	P	D	U	P	A	W
E	S	A	C	S	O	F	F	O	N	B
L	G	Y	R	G	P	B	A	E	R	E
I	B	E	R	W	I	Y	E	T	E	N
W	T	B	Y	R	G	E	R	H	O	J
M	M	L	O	C	S	I	G	E	N	I

Mae tegell Mrs Tomos wrthi'n troi dŵr hylif yn nwy o'r enw ager. Beth mae'r tegell yn ei wneud?

Mae angen nwy sy'n llosgi i goginio. Beth sy'n cael ei goginio?

Mrs Tomos
coffi
te
cacennau

DIODYDD OER
sudd 25c
pop 35c
te 40c

BARBECIW BYRGER BOB

Joey Holiday a'i sacsoffon

Am 35c cewch ddiod oer yn llawn nwy. Pa fath ddiodydd yw'r rhain?

Mae Joey yn gwneud miwsig trwy chwythu ei offeryn. Pa offeryn?

Does unman yn debyg i gartref

Mae angen meddwl am lawer o bethau wrth godi tŷ, yn enwedig mewn gwledydd sydd â hinsawdd fel Cymru.

Rhoddir defnydd ynysu yn y muriau allanol a'r to rhag i wres ddianc o'r tŷ.

Mae'n rhaid i'r tŷ ein cadw'n gynnes a sych ar dywydd garw.

Ond ni ddylai'r tŷ fod yn rhy glòs oddi mewn, a dylai'r haul dywynnu iddo ar dywydd braf.

Rhaid cadw lladron draw a gwneud yn siŵr na all ein cymdogion weld pob dim.

CADW DRAW

Rhaid cael tŷ del hefyd, un cyfforddus gyda digon o le ac, yn bwysicaf oll, tŷ cadarn.

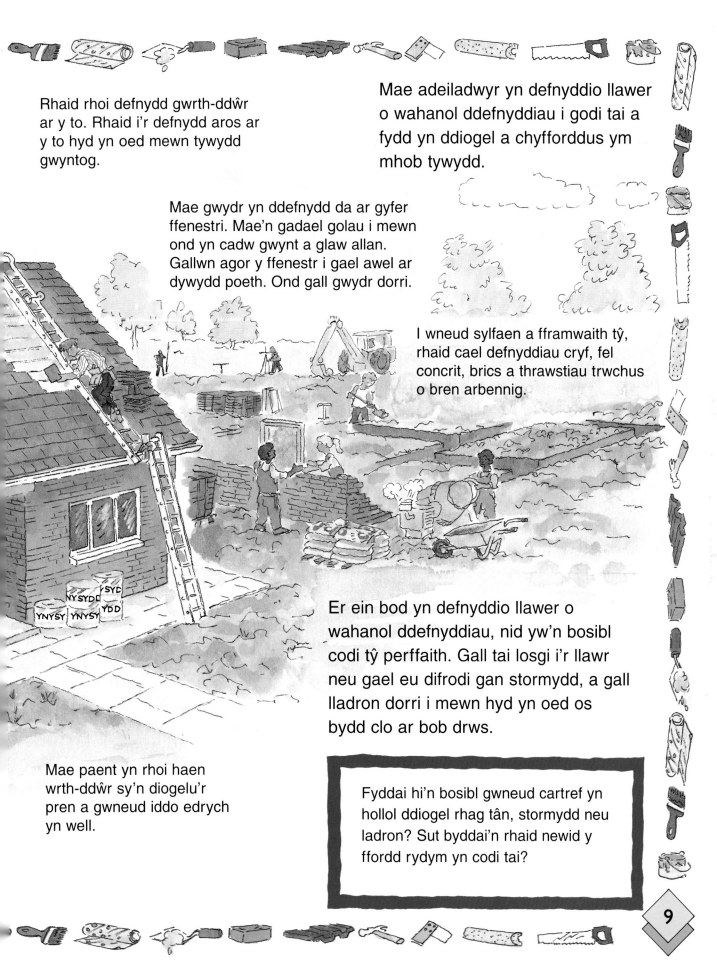

Rhaid rhoi defnydd gwrth-ddŵr ar y to. Rhaid i'r defnydd aros ar y to hyd yn oed mewn tywydd gwyntog.

Mae adeiladwyr yn defnyddio llawer o wahanol ddefnyddiau i godi tai a fydd yn ddiogel a chyfforddus ym mhob tywydd.

Mae gwydr yn ddefnydd da ar gyfer ffenestri. Mae'n gadael golau i mewn ond yn cadw gwynt a glaw allan. Gallwn agor y ffenestr i gael awel ar dywydd poeth. Ond gall gwydr dorri.

I wneud sylfaen a fframwaith tŷ, rhaid cael defnyddiau cryf, fel concrit, brics a thrawstiau trwchus o bren arbennig.

Er ein bod yn defnyddio llawer o wahanol ddefnyddiau, nid yw'n bosibl codi tŷ perffaith. Gall tai losgi i'r llawr neu gael eu difrodi gan stormydd, a gall lladron dorri i mewn hyd yn oed os bydd clo ar bob drws.

Mae paent yn rhoi haen wrth-ddŵr sy'n diogelu'r pren a gwneud iddo edrych yn well.

Fyddai hi'n bosibl gwneud cartref yn hollol ddiogel rhag tân, stormydd neu ladron? Sut byddai'n rhaid newid y ffordd rydym yn codi tai?

9

Cymysgu metelau

Fel arfer, wrth feddwl am fetel gwerthfawr byddwn yn meddwl am aur. Un o'r pethau mae pobl yn ei hoffi am aur yw ei olwg. Dyma ddarn aur tua 2000 o flynyddoedd oed. Er na chafodd ei lanhau, mae'n dal yr un mor loyw a disglair â'r diwrnod y cafodd ei wneud. Mae'r arian sydd yn ein pocedi ni heddiw wedi'u gwneud o fetelau sydd ond yn loyw am gyfnod byr iawn.

Efallai fod aur yn edrych yn dda, ond mae'n fetel meddal. Cymharwch y darn aur uchod â'r darn hwn. Welwch chi pam mae pobl yn dweud bod aur yn feddal? Darn wedi'i wneud o fetel o'r enw efydd yw hwn, metel sy'n llawer caletach nag aur. I wneud efydd rhaid cymysgu dau fetel arall o'r enw tun a chopor.

Fel arfer, cymysgedd o aur ac ychydig bach o fetelau eraill yw'r tlysau aur y byddwn yn eu gwisgo. Mae'r cymysgedd hwn yn disgleirio fel aur a'r un lliw ag aur ond mae'n galetach nag aur pur. Mae tlysau wedi'u gwneud o'r cymysgedd yn gryfach a rhatach.

Mae llawer o'r pethau metel rydym yn eu defnyddio yn cael eu gwneud o gymysgedd o gynhwysion.

Bydd unrhyw beth sy'n cynnwys haearn yn glynu wrth fagnet – beth am geisio profi a yw rhywbeth wedi'i wneud o haearn ai peidio?

Math o ddur sy'n cael ei ddefnyddio i wneud cyllyll a ffyrc yw dur gwrthstaen. Pam rydym ni'n defnyddio dur gwrthstaen, tybed?

Trwy ychwanegu pethau at haearn gallwn wneud gwahanol fathau o ddur.

Mae'r trawstiau dur yn y llun hwn yn ddigon cryf i gynnal adeilad mawr.

Cadw cofnodion

Un noson tua 30,000 o flynyddoedd yn ôl, mewn rhan o'r byd o'r enw Ffrainc erbyn hyn, roedd rhywun yn syllu ar y Lleuad. Does neb yn gwybod pwy oedd yn syllu ar y Lleuad, ond fe wyddom ni ei fod wedi penderfynu gwneud lluniau o'r ffordd y mae siâp y Lleuad yn newid. Mae'n newid o siâp **cilgant** tenau i siâp cylch ac yna'n ôl yn gilgant.

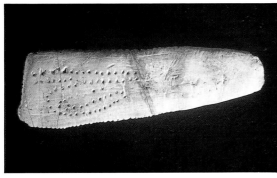

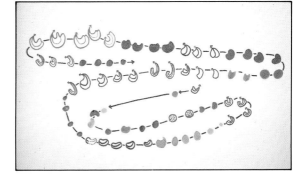

Bob nos, bu'r person yn defnyddio carreg finiog i dorri llun bach o'r Lleuad ar ddarn o asgwrn anifail. Cafodd y darn asgwrn ei ddarganfod rai blynyddoedd yn ôl; dyma ffotograff ohono. Mae'r llun arall yn dangos y siapau yn fwy eglur. Efallai eich bod yn meddwl nad oedd y person yn arlunydd da iawn, ond dychmygwch pa mor anodd oedd crafu llun mor fach ar asgwrn gyda darn o graig. Mae'n werth chweil ei fod wedi parhau mor hir.

Mae cadw cofnodion yn rhan arferol o fywyd pobl heddiw, ond dyma'r tro cyntaf i ni gael tystiolaeth fod ein hynafiaid 30,000 o flynyddoedd yn ôl yn credu ei fod yn bwysig hefyd.

Dros y canrifoedd mae pobl wedi cadw mwy a mwy o gofnodion a darganfod mwy a mwy o ffyrdd newydd o wneud hynny. Dyma rai ffyrdd o gofnodi gwybodaeth yn ddiweddar ac yn y gorffennol pell.

Hieroglyffau o'r Aifft wedi eu torri ar garreg

Llawysgrif

Pluen a memrwn

Cerdyn pen-blwydd o Oes Fictoria

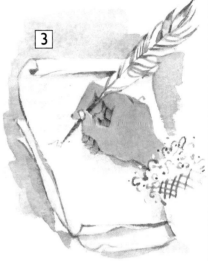

Dydd Iau 11 Mawrth
Cael prawf sillafu. Cael naw allan o ddeg. Ar ôl cinio, chwarae rownderi yn Ymarfer Corff. Sgorio rownder a chael Nicola a Bethan allan. Yn y clwb drama gwneud sgets Sam Tân. Fi oedd Norman.

Dydd Gwener 12 Mawrth
Diwrnod diflas yn yr ysgol.

Dydd Sadwrn 13 Mawrth
Cysgu tan 11. Mynd i siopa a phrynu anrheg pen-blwydd i Huw. Mynd i dŷ Caryl. Chwarae badminton drwy'r pnawn. Gartref, a mynd i'r gwely.

Dyddiadur

Camera

Cryno-ddisg

Pa ddefnyddiau fyddwch chi'n eu defnyddio i gofnodi gwybodaeth mewn gwahanol ffyrdd?

13

Defnyddiau cerflunio

Gallwn wneud modelau o nifer o ddefnyddiau.

Mae **marmor** yn galed iawn. Mae angen morthwyl a chŷn i'w siapio. Mae'n parhau am amser hir iawn – mewn amgueddfa cewch weld cerfluniau marmor a gafodd eu gwneud gannoedd neu filoedd o flynyddoedd yn ôl.

Mae'n haws gweithio gyda **chalchfaen** na marmor, ac mae mwy ohono ar gael yn y byd. Ond nid yw'n parhau cystal, fel y gwelwch o'r llun hwn.

Mae pren yn teimlo'n feddal a chynnes – ond a fyddech chi'n gadael y model hwn yn yr awyr iach?

14

Mae clai yn feddal a gallwch wneud pob math o siapiau ohono. Ond mae'n torri'n hawdd.

Gellir mowldio metelau i unrhyw siâp, ond mae'n llawer anoddach gweithio gyda metel na chlai.
I wneud y cerflun efydd hwn cafodd y metel ei doddi, ei dywallt i fowld, ac yna ei oeri'n ofalus iawn.

Cerflun o ba ddefnydd yw hwn? Beth fydd yn digwydd iddo?

Gallwch wneud cerfluniau o siocled neu siwgr wedi'i doddi. Mae'n hawdd eu mowldio ond maen nhw'n boeth iawn. Ar ôl gorffen gallwch eu bwyta!

Ydych chi wedi gweithio gyda rhai o'r defnyddiau hyn? Pa rai oedd yn hawdd eu defnyddio?

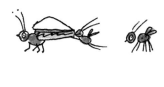

Pydru

Nid y llwynog yn unig fydd yn bwyta'r cyw iâr. Fel gyda'r gwningen hon, bydd llawer o greaduriaid llai yn byw ar y gweddillion nes bydd y cyw iâr wedi **dadelfennu** yn llwyr.

Mewn compost, mae creaduriaid bach, rhai'n rhy fach i chi eu gweld, yn **treulio** gwastraff o'r gegin a'r ardd yn araf. Ymhen amser, bydd y gwastraff yn troi'n gompost defnyddiol a gallwn ei gymysgu â'r pridd yn yr ardd i'w wneud yn fwy ffrwythlon. Fel hyn, mae'r gwastraff yn cael ei ailgylchu.

Mae rhai creaduriaid bach a llwydni yn gallu bwyta defnyddiau naturiol, fel cotwm, gwlân, pren, papur neu fwyd, a gwneud iddyn nhw bydru. Os ydym ni eisiau cadw'r pethau hyn yn saff rhaid gwneud yn siŵr nad oes cyfle iddyn nhw bydru. Un o'r ffyrdd gorau yw cadw ein cartrefi'n sych. Mae pydredd yn hoffi lleithder.

Dyma rai ffyrdd o wneud yn siŵr na fydd pydredd yn bwyta pethau pwysig. Sut maen nhw'n gweithio?

Rhofio a thywallt

Mae'n wych gweld injan stêm yn pwffian heibio, ond mae gwneud i beiriant stêm weithio yn waith caled.

Mae ar bob injan angen taniwr a gyrrwr. Gwaith y taniwr yw rhofio glo i grombil y peiriant er mwyn i'r tân losgi'n ddigon poeth i droi'r dŵr yn y bwyler yn stêm.

Wedi i wyddonwyr ddarganfod sut i wneud tanwyddau hylif fel disel a phetrol, roedd yn bosibl gwneud peiriannau llawer haws eu rhedeg. Does dim rhaid rhofio petrol i beiriant car. Hylif yw petrol, felly mae'n llifo ar hyd tiwb a gellir ei bwmpio i'r peiriant pan fydd ei angen.

I droi'r plastig solid hwn yn rhywbeth defnyddiol, rhaid ei wresogi nes y bydd yn ymdoddi. Yna rhaid tywallt yr hylif poeth i fowld. Wrth i'r plastig oeri bydd yn troi'n solid eto a chadw siâp y mowld.

Wrth gymysgu dŵr, tywod neu raean, a phowdr arbennig o'r enw sment fe gewch chi gymysgedd trwchus. Gallwch ei dywallt bron fel hylif. Cyn bo hir fe fydd mor galed â chraig.

Yn y gegin, mae hylifydd yn torri bwyd yn fân iawn. Mae'n ffordd ddefnyddiol iawn o wneud cawl neu fwyd baban.

Beth sydd yn y bocs bwyd?

Sudd oren: daw'r rhan fwyaf o'n sudd oren o Israel, Sbaen, neu Ogledd America. Ar ôl ei gasglu, caiff y ffrwyth ei wasgu gan beiriannau i dynnu'r sudd ohono.

O goed y daw'r mwydion papur i wneud y carton. Er mwyn gwneud y bocs diod yn wrth-ddŵr, cafodd haen o sylwedd fel cŵyr ei roi arno.

Defnyddir plastig i wneud llawer o bethau o'n cwmpas, gan gynnwys bocsys fel hyn. Mae plastigau poeth yn feddal, felly gallwn eu mowldio yn siâp arbennig. Gwneir plastigau o gemegion sy'n dod o olew.

O India'r Gorllewin y daw bananas yn bennaf. Maen nhw'n tyfu mewn clystyrau mawr ac yn dal yn wyrdd pan gânt eu casglu.

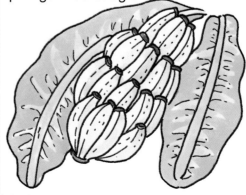

Tiwna: pysgod mawr sy'n cael eu dal yn bennaf gan gychod pysgota o Japan ac America yn y Cefnfor Tawel a Chefnfor Iwerydd. Gwerthir y rhan fwyaf o diwna mewn tuniau sy'n ei gadw'n ffres am amser hir.

Mae ffoil yn cael ei wneud o fetel o'r enw alwminiwm. Defnyddir yr un metel i wneud caniau. Mae alwminiwm yn cael ei gloddio o'r ddaear. Rholwyr anferth sy'n gwneud alwminiwm yn haenau tenau o ffoil. Ar ôl ei blygu, mae ffoil yn cadw'r siâp newydd, felly mae'n hawdd lapio pethau ynddo.

Bara: mae'r rhan fwyaf o'n bara yn cael ei wneud o wenith. Mae gwenith yn cael ei dyfu mewn caeau a'i gynaeafu ar ddiwedd yr haf. Rhaid ei falu i'w droi'n flawd. Mae becws modern yn defnyddio peiriannau mawr i wneud y toes, ac i dorri a siapio'r torthau cyn eu pobi.

Mae siocled yn cael ei wneud o ffa y goeden cacao sy'n tyfu yng Ngorllewin Affrica a De America. Mae'r ffa yn tyfu mewn codennau mawr a rhaid eu malu i roi'r hylif sy'n gwneud siocled.

Yn ôl i'r gorffennol

Dychmygwch eich bod yn mynd i gysgu heno a deffro – nid bore yfory ond 2500 o flynyddoedd yn ôl!

Mae'n bosibl dysgu sut roedd pobl yn byw ers talwm trwy edrych ar gliwiau a gafodd eu gadael ar ôl. Mae olion rhai o'u pentrefi wedi'u claddu dan y pridd. Yn yr olion mae gweddillion rhai o'r pethau roedd y bobl yn eu defnyddio bob dydd. Oes yr Haearn yw enw un o'r cyfnodau hynny oherwydd bod pobl yr adeg hynny newydd ddysgu gwneud pethau o'r metel haearn. Dyma rai o'r pethau gafodd eu darganfod mewn hen bentrefi Oes yr Haearn.

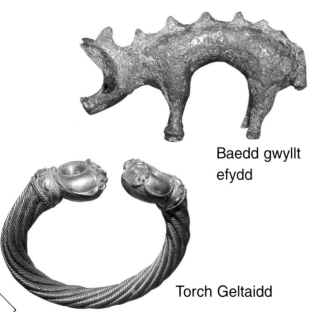

Baedd gwyllt efydd

Torch Geltaidd

Ond dydi'r rhan fwyaf o'r pethau roedd pobl Oes yr Haearn yn eu defnyddio ddim yn bodoli erbyn hyn. Pa fath o bethau fyddai wedi diflannu erbyn hyn, tybed?

Mewn storïau am bobl sy'n teithio'n ôl mewn amser, fel arfer mae'r teithwyr yn ceisio rhoi cyngor am sut i wneud pethau mewn ffordd fwy modern. Fyddech chi'n gallu rhoi cyngor defnyddiol i bobl y pentref? Beth fydden nhw'n ei ddweud petaech chi'n awgrymu eu bod yn defnyddio teiar rwber yn hytrach nag olwyn bren, tybed?

Yn aml iawn, mae'r math o offer y byddwn yn eu defnyddio yn dibynnu ar y mathau o ddefnyddiau sydd ar gael. Roedd pobl y pentref yn gallu gwneud pethau o haearn ond roedden nhw'n defnyddio llawer o ddefnyddiau eraill hefyd.

Pa ddefnyddiau eraill sydd i'w gweld yn y llun?

Pa ddefnyddiau modern sydd gennym ni nad oedd ar gael i bobl yn Oes yr Haearn?

Geirfa

Calchfaen

Carreg wedi'i gwneud o ddarnau o anifeiliaid a phlanhigion oedd yn byw yn y môr filiynau o flynyddoedd yn ôl yw calchfaen (carreg galch). Pan fu'r rhain farw, arhosodd y darnau mewn haen ar wely'r môr. Cawsant eu gwasgu, ac ymhen amser trodd yr haen yn garreg galed – sef calchfaen.

Cilgant

Siâp crwm y Lleuad newydd.

cilgant

Dadelfennu

Pan fydd sylweddau'n newid yn sylweddau symlach, maen nhw'n dadelfennu. Mae hyn yn digwydd mewn llawer o ffyrdd. Weithiau mae gwresogi'r sylweddau'n ddigon. Weithiau, bacteria fydd yn gwneud y gwaith.

Marmor

Bydd rhai haenau o galchfaen, yn ddwfn yn y Ddaear, yn cynhesu dan wasgedd uchel. Yna gallant droi'n fath gwahanol o garreg, o'r enw marmor. Mae marmor yn galetach na chalchfaen a gellir ei ddefnyddio i wneud pethau fel wyneb bwrdd. Mae gan rai mathau o farmor liw hyfryd ac maen nhw'n sgleinio. Gellir glanhau marmor a'i lathru nes ei fod yn llyfn fel gwydr.

Marwor

Pan fydd tân bron â diffodd, efallai y gwelwch chi dalpiau o lo neu bren yn dal yn goch gloyw ymhlith y lludw. Dyma'r marwor.

Treulio

Rhaid dadelfennu bwydydd mewn ffordd arbennig er mwyn i gorff byw allu eu defnyddio. Yr enw ar y ffordd arbennig hon o ddadelfennu bwyd yw treulio. Mae eich bwyd yn dechrau cael ei dreulio yn syth ar ôl i chi ei lyncu.